“一带一路”上的
传奇人物（下）

YIDAIYILU SHANG DE CHUANQI RENWU

丛书主编 / 王义桅
分册主编 / 李妍　王峻峰

图书在版编目（CIP）数据

“一带一路”上的传奇人物. 下 / 李妍，王峻峰分册主编. --北京 : 新世界出版社，2018.2（2019.6重印）
（“一带一路”读本 / 王义桅主编）
ISBN 978-7-5104-6172-9

Ⅰ. ①一… Ⅱ. ①李… ②王… Ⅲ. ①历史人物－列传－世界－少儿读物 Ⅳ. ①K811-49

中国版本图书馆CIP数据核字(2018)第005553号

编　委　杨　光　陈　鑫　耿乐群　徐　葳　李　晨　王　曼　姚晓南　明　燕

“一带一路”上的传奇人物（下）

作　　者：李　妍　王峻峰
责任编辑：曲衍立
责任印制：王宝根　章莹莹
出版发行：新世界出版社
社　　址：北京西城区百万庄大街24号(100037)
发 行 部：(010)6899 5968　(010)6899 8705（传真）
总 编 室：(010)6899 5424　(010)6832 6679（传真）
http://www.nwp.cn
http://www.nwp.com.cn
版 权 部：+8610 6899 6306
版权部电子信箱：nwpcd@sina.com
印　　刷：合肥华云印务有限责任公司
经　　销：新华书店
开　　本：787mm×1092mm 1/16
字　　数：55千字　　印　　张：3.75
版　　次：2018年2月第1版　2019年6月第2次印刷
书　　号：ISBN 978-7-5104-6172-9
审 图 号：GS（2018）3693号
定　　价：13.50元

我们与收入本书的作品（包括图片、画作）的作者进行了广泛联系，得到了他们的大力支持。对此，我们表示衷心感谢。但仍有部分作者，未能联系上。烦请作者与我们联系，以便支付稿酬。

前　言

同学们，今天，如果你们去欧洲、非洲的国家旅游，会选择什么样的交通工具呢？

是飞机，是火车，还是豪华游轮？

不管选择哪一种，便捷高效的交通，都将远在天边的国家，变得似乎近在咫尺，也将我们的地球，变成了一个地球村。

但是，你们有没有想过，在古代，陆上丝绸之路上黄沙漫天，马儿和骆驼驮着我们的使者，一步步走向西域；海上丝绸之路上海浪翻滚，水手驾着木质的帆船，乘风破浪，历尽千辛，驶向遥远的彼方。在他们眼里，世界是那么大，路途是那么远。

是什么，让他们勇于踏上征程？他们的行囊里有什么珍贵宝藏？遥远的国度又是何等模样？

是什么，让他们拍手称奇，让他们停下脚步，沉醉在异国他乡？

又是什么，跟随着西去东来者的脚步，在异国他乡留下自己的印记，又或是落地生根，盛开文明之花？

这套书会一一为你解答。

漫漫丝路，孕育的不仅仅是一片片繁荣的乐土，还有“和平合作、开放包容、互学互鉴、互利共赢”的丝路精神。放眼今日，也许曾经喧闹的商路已经变得人迹罕至，也许曾经繁华的市镇已经变了模样，但是丝路精神，依旧长盛不衰，源远流长。它融进了21世纪“一带一路”的建设中，为古代丝绸之路注入新的活力。

假期伊始，我们的小主人公洋洋和丫丫，跟随着博学多识的卡尔叔叔，开启了一段别开生面的丝路之旅。爱好阅读的洋洋，这次不仅要读万卷书，也要行万里路了！对世界充满好奇的丫丫，在沿途又会有什么新的发现呢？

快和我们的主人公一起，去探访丝路上的秘密，看看古代丝路商旅、使者眼中的世界，感受这条千年商路的变迁。在图文并茂的阅读体验中，开阔眼界，增长知识；在“知识链接”的帮助下，排疑解难，加深理解；在“课后思考”的指引下，深入思考，探寻真知。

还等什么，快打开这本书吧！

目录

第一课　功过是非后人说——武则天

中国历史上有过唯（wéi）一一位正统的女皇帝，她就是武则天。

武则天

武则天的父亲原本是一名商人，后来因为支持唐朝建立有功，就做了官。武则天小的时候跟着父亲到各个地方生活，长了很多见识。她聪慧灵敏、胆识过人，父亲决定好好培养这个女儿，就教她读书识字，让她明白事理。到了十三四岁时，武则天已经读了许多经典书籍，诗词歌赋样样拿手，还写得一手好字。

武则天十四岁时，被唐太宗召进皇宫，做了个小宫妃。在宫里，她认识了太子李治。武则天的才华和美貌吸引了年轻的李治，两人慢慢产生了感情。唐太宗去世后，武则天按规定出家当了尼姑。但没过几年，即位的唐高宗李治就把她接回了皇宫，后来又把她封为皇后。

知识链接

"看朱成碧思纷纷，憔悴支离为忆君"——武则天在感业寺出家的时候写下的诗句，意思是太过相思，魂不守舍，在恍（huǎng）惚（hū）中竟然把红色看成了绿色，而自己如此憔悴愁苦都是因为忆起你。传说这是武则天写给李治的，也许正是这样才让李治想起了曾经的感情，接回了武则天。

武则天才能出众，开始辅佐唐高宗治理国家。唐高宗时期，国家继续推行科举制度，选拔了一大批优秀人才；灭亡高句（gōu）丽，平定西突厥，击退吐蕃，使唐朝的版图达到了最大；收复安西四镇，发展西域和丝绸之路，第一次与阿拉伯国家建立了联系。这些国家大事，武则天都参与其中，积累了很多治国经验。

三十多年的辅佐经历，让武则天拥有了优秀的政治才能。唐高宗去世后，武则天掌握了朝政。她先后废掉了两个儿子的皇位，在公元690年自立为皇帝，成为我国历史上第一个也是唯一一个正统的女皇帝。她把国号由唐改为周，把都城也从长安迁往洛阳。

登基后，武则天为了更好地选拔人才，改革了科举制度，重用通过科举考试的人。她还特别举行"殿试"，就是在宫殿内亲自面试考生。她专门开设了"武举"科目，选拔武艺高强的人。此外，她还开设了自举、试官等多种制度。

每到考试的季节，都城里，来自全国各地的考生络绎不绝，他们把一生的希望，都寄托在科举上。放榜的时候，就像现在的学生一样，有人欣喜若狂，也有人悲哀不已。

武则天让穷苦人家的子弟有了一展才华的机会，也让人们对读书学习有了更高的热情，越来越多的人拥护这位女皇帝。

知识链接

洛阳龙门香山寺

“香山赋（fù）诗夺锦袍（páo）”——武则天称帝后，十分喜欢伊阙（quē）（今河南洛阳龙门）山水和里面的香山寺，常在香山寺的石楼中会见群臣。有一次她还在石楼中主持了“龙门诗会”，并许诺赐予胜出者锦袍，留下了传颂千年的佳话“香山赋诗夺锦袍”。

在唐高宗去世后不久，国内发生了反对武则天的叛乱。武则天平定叛乱之后，为了安抚人心，决定让军队休养，就撤回了驻扎在安西四镇的士兵。吐蕃趁机派兵进攻安西四镇，西域一带的丝绸之路从此陷入一片混乱。后来国内安稳了，武则天决定解决西域的问题，而首先要做的就是收复安西四镇。

武则天派出曾待在吐蕃多年、对吐蕃十分熟悉的王孝杰率军进攻吐蕃。王孝杰大破吐蕃，很快收复了四镇，并且重新在龟兹设立安西都护府。

但是问题来了，内地离西域比较远，运送补给（jǐ）特别麻烦，所以当时朝中许多大臣都提议放弃西域。但武则天知道，继续经营西域和丝绸之路才是使唐朝保持繁荣昌盛的最好办法。所以她力排众议，毅然加派三万名士兵镇守安西四镇。后来，又设立了北庭都护府，专门管理以前被西突厥占领的地方。

她的果决与坚持，让西域安定了近百年。西域一带的丝绸之路畅通无阻，在大唐与西方商人的来往中，达到了繁荣的顶峰。

汉、胡互动

早在秦汉时期，中国和南海的许多国家就已经开辟了海上的交通路线。到了唐朝时期，在武则天等人的支持下，造船术和航海术发展起来了，海上丝绸之路也开拓得越来越快了。

到了唐朝中后期，我国通往东南亚、印度洋、红海，以及非洲大陆的航路纷纷开通和延伸，海上丝绸之路渐渐替代陆上丝绸之路，成为东西方交流的主要通道。

广州成了中国的第一大港，也是世界著名的东方港口。由广州到波斯湾各国的航线，是当时世界上最长的远洋航线。在这条航线上，往西的商品主要有丝绸、瓷器、茶叶和铜铁器等货物，往东的商品主要是香料、花草等特产。

唐朝海上丝绸之路路线图

武则天在她八十二岁那年离开了人世。她的儿子遵从她的遗愿，把她按照皇后的身份，和唐高宗葬在了一起。

在陵墓前，立了一块碑纪念，但上面没有一个字，被人们叫作“无字碑”。也许这位中国历史上唯一的正统女皇帝，不想像别的皇帝一样为自己歌功颂德，而是把所有的功过是非，都留给后人评说吧！

无字碑

课后思考

1　武则天为选拔人才做了些什么？

2　武则天最后为什么没有放弃西域？

第二课 六次东渡，弘(hóng)法日本——鉴真

百年时光过去，唐朝皇帝、大臣和百姓们一起努力，把唐朝建设成了当时世界上最优秀的大帝国。一个国家要是只会打仗，天天用武力欺压别人，那别人一定不会对它有好感。不过唐朝不是那样的霸主，它虽然很威风，但也十分包容开放，对其他国家都很友善和亲近。

唐朝都城长安城，是当时世界上最大、最繁华的城市。这座城不但令唐人感到骄傲，连外国人也都倾慕不已，他们沿着陆上和海上丝绸之路来到这里后，多半都不想再回去了。

除了长安，唐朝还有好些世界闻名的大都市，比如洛阳、扬州、益州（成都）、广州、泉州等等。在这些城市的大街上，可

繁华热闹的唐朝街市

以看见身材不高的日本人，粗犷（guǎng）的突厥汉子，高鼻子、蓝眼睛的波斯人和阿拉伯人，卷头发的吐蕃人，黑皮肤的非洲人等，他们身穿奇装异服，嘴里说着不同的语言。许多汉人也学着穿起外国人的服装，跳起胡人的舞蹈，喝起波斯人酿（niàng）的葡萄美酒。

日本“遣唐使”

许多国家都派人来唐朝，学习先进的文化、制度。最热衷学习的是日本和朝鲜，他们觉得唐朝的一切都是那么的优秀。朝鲜半岛的一个国王亲自来到中国访问，把他看到的一切都学过去，想把他的国家变得跟唐朝一样繁荣昌盛。日本和唐朝隔着大海，可他们对唐朝倾慕极了，派出了大批的留学生、使者，渡过波涛汹涌的东海，来到唐朝学习。

当时世界上，除了唐帝国以外，还有两个大帝国，一个是亚洲西部的阿拉伯帝国，他们主要信仰伊斯兰教；另一个是欧洲的东罗马帝国，他们主要信仰基督教。在这两个国家里，人们讨厌信仰其他宗教的人，不允许别的宗教存在，甚至会残忍地迫害异教徒。但唐帝国不一样，本土的道教，外来的佛教、伊斯兰教、祆（xiān）教、摩尼教、景教（基督教的一支）等各种宗教，在

这里都能自由宣讲。长安城里，道观、佛寺、清真寺和教堂修在一块，那是再正常不过了。

佛教就是在这个时候，迎来了它最繁荣的时代。而当时日本的佛教却很不正规，想当和尚的话，自己发个誓就可以了。日本学习了唐朝的制度，规定僧尼可以不用交税（shuì），也不用服兵役（yì），结果很多农民就躲到寺庙里当和尚去了。日本朝廷想了几个办法，都行不通，最后决定去请正统的佛教大师。

日本派出两位僧人，漂洋过海来到唐朝。他们在长安待了十年，一边学习，一边寻找合适的高僧。他们先请了洛阳的僧人道璇（xuán），但他的能力和威望都不够，去日本后没有达到理想的效果。他们又找到几名僧人，准备回国的时候，听说扬州大明寺的鉴真是一位高僧大德，便一起去拜访他。

大明寺

鉴真（688年—763年），唐代佛学大师

扬州是京杭大运河与长江交汇的地方，这里交通发达，贸易繁忙，是唐朝的造船重镇。扬州的佛教气氛（fēn）非常浓厚，中外僧人都在这里汇集，佛寺有三四十所之多。鉴真从小就对佛教很感兴趣，十四岁那年出家为僧，后来又去长安、洛阳游学。鉴真不但融会了佛教各家的知识，还精通建筑、绘画、医学等。他回到扬州后，在大明寺一边做佛事、教僧众，一边救济贫病的人。到四十多岁时，他已经成为扬州地区的佛学领袖。

当日本僧人来到大明寺的时候，鉴真已经五十四岁了，但看到他们特别诚恳，也就动心了。他向弟子们问道："谁愿意与他们同行？"

大家都低着头不说话。一个弟子说道："日本太远了，要渡过浩渺无边的大海，一百个人里也不见得有一个能活下来！"

他的话一点也不夸张，当时的造船术比现在要落后得多，从扬州穿越东海，船只经常被风浪吞没，发生船毁（huǐ）人亡的事故。没有视死如归的精神，是不敢扬帆起航的。

但鉴真说道："这是弘扬佛法的伟业，怎能只顾惜自己的生命？你们不去，我就亲自去！"

弟子们见师父态度坚决，十分感动，有二十一人表示愿意一起去。

然而，他们的行动一点也不顺利。当他们在扬州造好海船，正要出发的时候，同行的高丽僧人因为私怨（yuàn），跑去官府诬（wū）陷他们与海盗勾结。虽然他们证明了清白，但官府以海上不安全为由，不允许他们出海，还把海船给没收了。

鉴真东渡前的准备

不过鉴真没有放弃，他又自己出钱买了一条退役的军船，雇（gù）用了十八名水手，准备了各种佛经、佛具、佛像等，带上十七名僧人、八十五名工匠，再次启航。但没想到还没出海，就遇上了大风浪，第二次东渡又失败了。

第三次，他们的船出海后不久就触礁（jiāo）沉没了，一行人在荒岛上困了三天三夜，忍饥挨饿，幸好被路过的船只发现，救回大陆。

第四次，鉴真决定从福州出发，但一名弟子因为担心师父出海遇到危险，就把他的行踪告诉了官府。鉴真在去福州的路上被追上，又被送回扬州。

一次又一次的失败，并没有让鉴真打消东渡的念头，他又在扬州准备第五次东渡。但好运还是没有眷（juàn）顾鉴真，他们出长江后遇上大风，失去控制的船只，在大海上漂了十四天，才终于靠了岸。上岸后傻眼了，他们居然漂到了海南岛的振州（今海南三亚）。鉴真心想，是不是佛祖指引自己去西方，而不是去东方呢？

随风浪漂泊的船只

在回扬州的路上，两名日本僧人接连去世，他们临终前，都请求鉴真一定要东渡。旅途的艰辛，同伴的离去，严重损（sǔn）害了鉴真的身心健康，他的眼睛也渐渐看不清了。难道这一切都是佛祖的考验？鉴真没有被困难吓倒，相反，东渡的决心更坚定了。

回到扬州后，鉴真继续为东渡做准备。几年后，日本又派了使者来请鉴真。这时，他已经六十六岁了，但还是毫不犹豫地答应了请求。经过四十天的海上颠簸（bǒ），虽然风暴吹散了船队，但鉴真终于成功抵达日本。

前后十二年，鉴真六次启行，五次失败，三次出海，几经绝境。六次东渡，先后有三十六人去世，二百多人退出。但鉴真矢（shǐ）志不渝（yú），百折不挠（náo），终于实现了宏愿。

鉴真不仅给日本带去了佛法，还带去了大量医学、建筑、雕（diāo）塑（sù）、书法、绘画等方面的资料。尽管已经双目失明，但鉴真通过耳听的方式，帮助日本僧人校正了大批佛经，又用舌尝的方式修正了药典。

知识链接

唐招提寺——日本佛教律宗的总寺院，由鉴真建于公元759年，位于日本奈良市西京五条街。寺中有金堂、讲堂、经藏、宝藏、礼堂等被誉为国宝的建筑物。

唐招提寺

763 年 6 月 25 日，鉴真在唐招提寺圆寂，终年七十六岁。

前有玄奘西行，后有鉴真东渡，这些理想远大、意志坚定的人，为我们书写了一段段传奇故事。鉴真东渡，是海上丝绸之路向东的探索和延伸，是唐朝文化走向世界的重要一步。

课后思考

1 唐朝为什么会吸引各个国家的人来学习、居住？

2 鉴真的东渡之行经历了五次失败，你觉得他为什么能坚持到底？

第三课　开启海上丝路新时代——赵匡胤(yìn)

从唐朝后期开始，亚欧大陆陷入了一片动乱中，陆上丝绸之路也被战火阻断了，于是人们把目光转向了茫茫海洋。千万年来，大海永远是广阔无边、时而平静时而波涛汹涌的模样，但是一天天、一年年，人们慢慢地掌握了高超的航海术，还造出了不怕风浪的远航大船，海上丝绸之路有了蓬勃发展的机会。

宋太祖赵匡胤（927年—976年）

海上丝绸之路能够繁荣，同样离不开国家的稳定、经济的繁荣和统治者的支持。宋太祖赵匡胤和他建立的宋朝，就提供了这些条件，开启了海上丝路新时代。

赵匡胤出生在一个军人家庭，从小就很会骑马和射箭，能力十分出众。他长大后离开家门，到处去游历，以增长自己的见识。后来，他加入了郭威的队伍，四处征战，立下了很多战功。

后来郭威称帝，建立了后周，赵匡胤也得到了重用。郭威的内侄柴荣继位后，对赵匡胤更加看重了。赵匡胤也不负众望，经常领兵出战，为后周取得了很多胜利。

没过几年，柴荣去世了，新皇帝只有七岁，赵匡胤就有了篡位的想法。

一天，赵匡胤又带领大军出征。晚上，大军驻扎在离都城20公里的陈桥驿（yì）（今河南陈桥镇）。赵匡胤的一些亲信去鼓动将士，说道：“现在皇帝年纪这么小，根本不能亲自处理政事，我们为国家拼命杀敌，又有谁知道我们的功劳呢？不如拥护赵匡胤做皇帝，然后再出征杀敌。”

将士们被说动了。第二天一早，他们来到赵匡胤的住处，叫喊着要赵匡胤做皇帝。然后给他披上黄袍，嘴里高呼万岁，声音响得几里外都听得到。

陈桥兵变，黄袍加身

赵匡胤假装对这一切毫不知情。他装出一副被迫的表情说道：“你们贪图富贵，立我为天子，就要听我的话，不然，我就不能做这个皇帝。”

将士们都表示：“绝对服从您的命令！”

赵匡胤就说："不得冒犯太后和小皇帝，不得欺凌王公大臣，不得抢掠（lüè）库房和集市。听命者赏，违命者斩！"

赵匡胤披着黄袍，骑着战马，领军回到都城。守备都城的将领都是赵匡胤的结拜兄弟，他们立刻打开城门迎接他。就这样，赵匡胤几乎不费吹灰之力就夺取了后周的政权。这就是历史上著名的"陈桥兵变"。

赵匡胤即位后，把国号改为宋，建立了宋朝。

当了皇帝后，赵匡胤要先稳定朝政。他担心别人像他一样，也来一个"黄袍加身"，夺了自己的皇位。他的一个谋士就对他说："最好的办法是削弱将领的权势，没收他们的兵权。"赵匡胤听完，心里就有了主意。

赵匡胤与谋士赵普商议

一天晚上，开完朝会之后，赵匡胤召集开国功臣一起喝酒。喝到一半时，他故意装作闷（mèn）闷不乐的样子，向大伙说道："要不是大家帮忙，我也坐不上天子之位。但是自从当上天子后，我天天晚上都睡不着觉。"

众人一听连忙问他："陛下为什么这么说？现在天下都安定了，谁还敢有异心？"

赵匡胤说："你们都是我的好兄弟，我相信你们没有，但是你们的属下可就不一定了，万一他们把黄袍穿在你们身上，你们不想做天子都不行。"

大家听完，立刻明白了赵匡胤的意思，纷纷请赵匡胤指点。

赵匡胤说：“人生很短暂，如果能多积攒（zǎn）些钱财，给子孙购买田地房产，享受无忧无虑的生活，不是更美好吗？”

赵匡胤一说完，众人就立即谢恩，然后第二天纷纷上奏，借口生病请求解除兵权。赵匡胤一一准许，并给了他们重赏。

杯酒释兵权

没有争吵，没有大动干戈（gē），只用一席酒宴，就让所有将领，交出了自己的兵权，这件事在历史上称作“杯酒释兵权”，成了有名的典故。

把兵权都抓到手里后，赵匡胤开始放心地去一一征服其他国家。他攻下了后蜀、南汉和南唐等国家，平定了整个中国南方。

赵匡胤自己是个带兵打仗的好统帅，可是他太担心那些武将会起野心。他把许多地方上的武将职位，都换成文官来担任。这个做法非常冒险，因为一旦边境有强敌入侵，那些听见战鼓声、喊杀声便会发抖的文官，是应付不了的。

果然，面对北方尚武的契（qì）丹人建立的辽帝国，宋朝就很吃力了。虽然宋朝人认为契丹人无知、粗野，但不得不承认对方军事的强大。赵匡胤收复北方的愿望，几乎看不到实现的那天了。

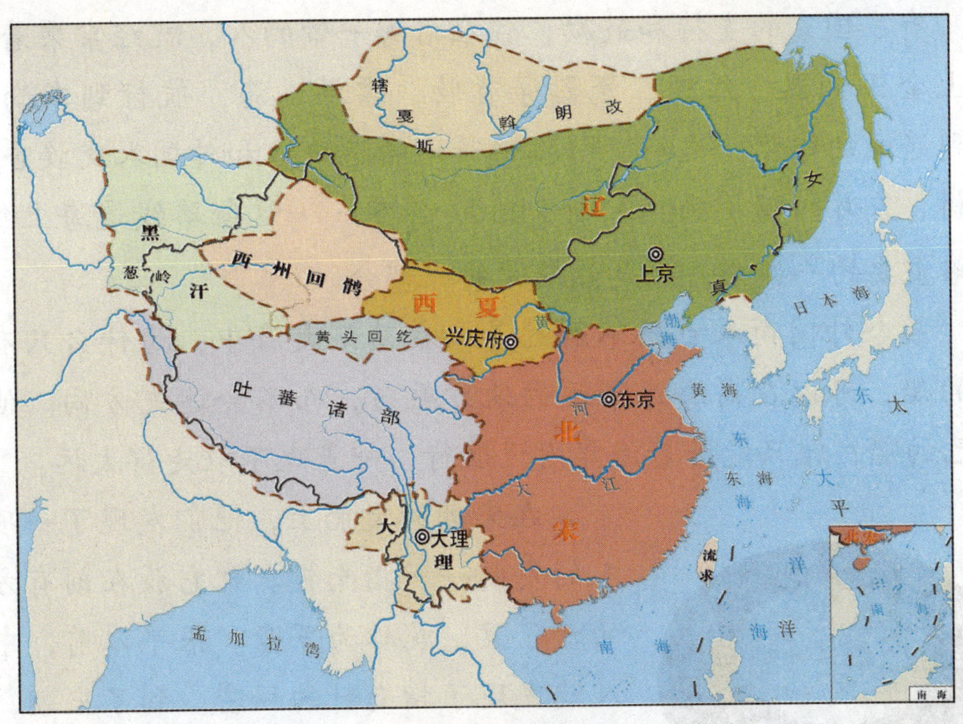

辽、北宋、西夏形势

军事不顺利，赵匡胤就重点发展经济。在他和文官们的治理下，宋朝很快就富裕起来了。

除了国家内部发展，还要跟国外做生意。北方有个不友好的邻居拦路，宋朝自然就把目光转向了南方的海上。

赵匡胤攻下南汉后不久，就在广州设下了第一个市舶（bó）司，来管理海上的贸易。后来，宋朝又在杭州、宁波、泉州、诸城等地开设了市舶司。

知识链接

市舶司——宋、元、明初时期，朝廷在各个海港设立的管理海上对外贸易的官府，相当于今天的海关，是宋朝拓展海上丝绸之路和海洋贸易的重要窗口。

有了国家的支持和鼓励，住在沿海一带的人，就经常乘着船，载上金银铜器、丝绸、瓷器等货物，漂洋过海，航行到东南亚，再到遥远的印度、波斯、阿拉伯等地的港口，和外国人交换香料、药材、象牙、珊（shān）瑚（hú）、珠宝……这条路线是海上丝绸之路重要的一部分，也是最繁荣的一部分。

最令外国商人百思不解的是，在茫茫大海中，为什么只有中国的船，可以在离海岸很远的地方航行，而不会迷失方向。他们自己的船，就只能沿着海岸附近航行，一点也不敢走得太远。

在宋朝的大船上，他们发现了一项惊人的发明——指南针。把它放在刻有方位的盘子里，就称为罗盘。很早以前，中国人就发现了指南针的秘密。到了宋朝，人们把它用在了航海上，航海技术因此有了飞跃（yuè）式的发展。

南宋罗盘

这些进步离不开赵匡胤和他的继任者们的支持。朝廷十分重视科技事务和造船事务，人们也就投入其中，造出更好的大船，掌握更高明的航海术。

宋朝的船走得越远，海上丝路就越繁荣。那时，海上丝路周边，与宋朝通商的国家和地区，共有50多个。宋朝经济也因此达到了前所未有的繁荣，成为中国历史上灿烂的一页！

宋朝海船模型

描绘了北宋商业繁荣景象的《清明上河图》（局部）

课后思考

1 赵匡胤是怎么收回将领的兵权的？

2 宋朝为什么要大力发展海上丝绸之路？

第四课　挥鞭策马，驰骋丝路——成吉思汗

当海上丝绸之路越来越繁荣的时候，大陆上的战火一直烧了几百年。在中国北方苍茫的蒙古高原上，诞生了一位了不起的英雄——铁木真。

那时，中国北方在金朝的统治下。蒙古的各个部落像一盘散沙，各自独立。在金人的鼓动和欺压下，部落间战争不断，草原上十分混乱。因此蒙古人对金人有着很深的仇恨。

铁木真小时候非常不幸。因为部落之间的纷争，他做部落首领的父亲被毒杀了。当时他才9岁，没办法统领自己的部落，结果部众们四散逃离。从此他和母亲的日子过得十分艰苦。幸好母亲给了他良好的教育，铁木真长成了一个优秀的男子汉。

铁木真的父亲被毒杀

铁木真攻打蔑儿乞部

铁木真18岁时，他的妻子被蔑（miè）儿乞（qǐ）人抢走了。铁木真十分气愤，决心报仇。他找自己的结拜兄弟扎木合和父亲的结拜兄弟王罕（hǎn）帮忙，组成了一支联军，攻向了蔑儿乞部，成功地灭掉了他们，夺回了妻子。

铁木真靠这次战争收服了一万名部众，壮大了自己的力量。接着，又有40名精英来追随他，许多小部落也来投靠他。铁木真被推举为乞颜部的可汗，实力越来越强大。

当各个大部落都在积聚自己的力量的时候，它们之间早晚会有一战。铁木真的崛（jué）起引起了扎木合的忌（jì）恨。扎木合联合13个部落，向铁木真发起了进攻。敌众我寡（guǎ），铁木真自然打不过他们——这成了他一生中唯一一场败仗。

这次战败后，铁木真更加注重训练军队。而扎木合却残忍地杀害俘虏，引起了很多部落的不满。不少部落纷纷投奔（bèn）铁木真，铁木真的实力越来越强大。最终，经过十几年的南征北

扎木合被手下送交铁木真

战，铁木真打败各个对手，统一了各个部落，占据了辽阔的蒙古高原。

铁木真即大汗位，尊号“成吉思汗”

1206年，蒙古贵族们为铁木真奉上尊贵的称号——成吉思汗，意思是拥有四海的王者。铁木真建立了大蒙古国，开始努力实现从小立下的奋斗目标——战胜金朝。

当时蒙古南边的西夏和金朝组成了金夏同盟（méng）。成吉思汗和部下商量了一下，认为要想打败金朝，必须拆（chāi）散金夏联盟。最后成吉思汗决定先攻打较弱的西夏。

成吉思汗的帝国

成吉思汗准备充分，西夏不是对手，几次战役后退守到了都城的最后防线。西夏赶紧向金朝求援，结果金朝皇帝不但不救，还拿西夏被攻打取乐。西夏只好向蒙古赔款求和，并且答应和蒙古联盟，一起对抗金朝。成吉思汗终于清除了攻打金朝的障（zhàng）碍（ài）。

1211年，成吉思汗亲自率领大军进攻金朝，蒙金战争爆发了。蒙古的军队由成吉思汗亲自指挥，团结统一，士气高昂；金朝却因为政治腐败，将领不和，军队战斗力大打折扣。成吉思汗获得了多次战役的胜利，但金朝十分强大，注定了这不是一场短时间的战争。为了使军队的战斗力变得更强，成吉思汗吸取各个民族的先进经验，改革军事制度，还四处寻找工匠艺人，为军队制造先进的兵器。

成吉思汗进军金朝

这时在西域，西辽在与花剌（là）子模（mú）的战争中战败了，各个属国也纷纷叛离，西辽越来越衰落。原本归属西辽、占据丝绸之路要道的畏兀（wù）儿部落归顺了蒙古，蒙古打开了通往中亚的大门。

成吉思汗将女儿嫁给畏兀儿首领

成吉思汗知道，要想赢（yíng）下与金朝的长期战争，必须有繁荣的经济作为保障。他认识到了贸易对经济的重要性，就派使者去往丝绸之路的核心地区——花剌子模国。经过商议，两国订立了贸易协定。之后成吉思汗按照协定派出了使臣和商队，整个队伍有450人，500头骆驼，携（xié）带了非常多的金银珠宝和商品。

他们通过丝绸之路穿过西域，到达了花剌子模。花剌子模的一个总督（dū）看见这么多的财宝，起了贪念，就污蔑商队是间谍（dié），杀死了商队的人，抢走了商品和骆驼。

蒙古商队被抢

成吉思汗知道后很气愤，但他正在全力进攻金朝，不想中断与中亚的贸易，就争取和平解决这件事。成吉思汗写了一封信，派使臣交给花剌子模国王，责备他背信弃义，要求他交出凶手。花剌子模国王拒绝了成吉思汗的要求，杀死正使，还剃（tì）光副使的胡须来羞辱他们，然后将副使赶出国境。

成吉思汗当然不会忍下这样的屈辱。他将攻打金朝的重任交给爱将木华黎（lí），自己开始谋划讨伐花剌子模的事情。1218年，蒙古灭掉了衰落的西辽，与花剌子模接壤（rǎng）了。1219年，成吉思汗亲自领兵20万，分几路向西攻打花剌子模。经过多年的西征，蒙古军队横扫中亚，占领了中亚和西亚的大部分地区，成吉思汗的名声甚至传到了欧洲。

消灭花剌子模后，成吉思汗回到了蒙古高原。这时，西夏背弃了两国的联盟，木华黎含恨而死。为了替爱将报仇，成吉思汗不顾自己64岁的高龄，坚持亲征西夏。在路上，成吉思汗落马受了伤，高烧不退。但他坚持不退兵，西夏被迫投降。

成吉思汗灭亡花剌子模

成吉思汗病危了，但他还没有完成战胜金朝的壮志。在生命的最后时刻，他仍念念不忘自己的事业。在给身边的人留下消灭金朝的作战方案后，他带着遗憾离开了人世，享年66岁。

成吉思汗出征雕像

成吉思汗的后人继承他的事业，打破各国的疆界，建立了横跨亚欧大陆的大帝国，还让陆上丝绸之路重新变得生机勃勃。继承大蒙古国的元朝，成了全球贸易的中心。

课后思考

1 成吉思汗为什么要对抗金朝？

2 成吉思汗为什么想和花剌子模做贸易？

第五课　来自威尼斯的商人和旅者——马可·波罗

在意大利的北部，有一座世界闻名的水上城市——威尼斯。

水城威尼斯

13 世纪时，威尼斯是地中海最富有的港口之一。威尼斯的商人十分有名，过去他们乘坐商船，穿过半个地中海，在君士坦丁堡（今伊斯坦布尔）买进来自东方的丝绸与香料，再运往罗马城，卖到欧洲各地。蒙古崛起后，亚欧大陆连通了，这些商人们就有了去东方直接买进商品，获取更大利润的想法。

马可·波罗就出生在一个威尼斯商人家庭。

马可·波罗

在马可·波罗 6 岁那年，他的父亲和叔叔乘坐商船冒险去了当时在欧洲人眼里还很神秘的中国，还受到了蒙古大汗忽必烈（元朝的建立者）的热情接见。他们回家后，马可·波罗天天缠（chán）着他们讲东方旅行的故事。这些故事深深地吸引了马可·波罗，他下定决心，长大了一定要跟着父亲和叔叔到中国去。

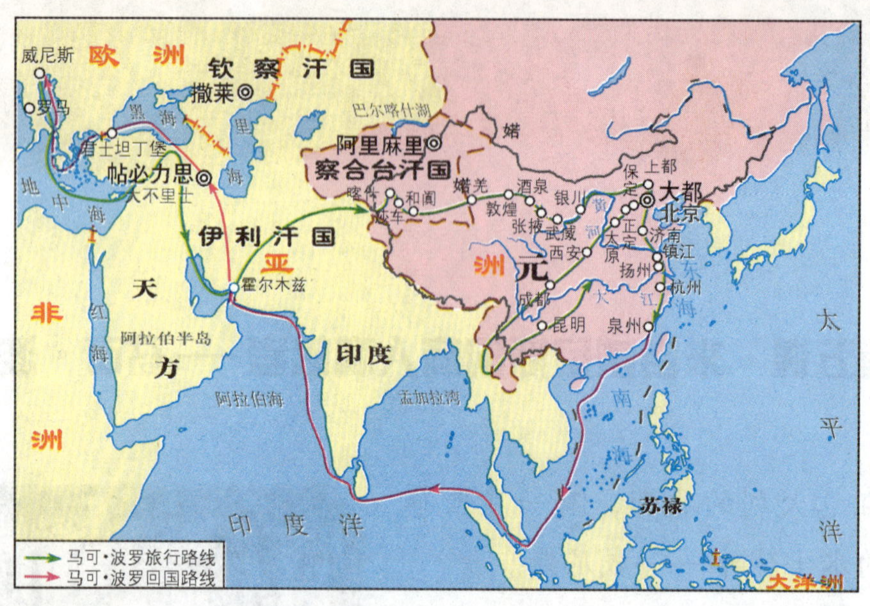

马可·波罗旅行路线

1271年夏天，马可·波罗17岁了，他跟着父亲和叔叔，踏上了去往中国的旅途。

他们从威尼斯坐船出发，跨越地中海，来到了两河流域，从这里到波斯湾的出海口霍（huò）尔木兹（zī）就可以乘船直驶中国了。但他们到了霍尔木兹后，一直等了两个月，也没遇上去中国的船只，只好改走陆路。

马可·波罗画像

这是一条充满艰难险阻的路，是让最有雄心的旅行家也望而却步的路。他们从霍尔木兹向东，越过荒凉恐怖的伊朗沙漠，跨过险峻（jùn）寒冷的帕米尔高原，一路跋山涉水，克服了疾病、饥渴的困扰，躲开了强盗、猛兽的侵袭，终于来到了中国新疆。一到这里，马可·波罗的眼睛便被吸引住了。美丽繁华的喀（kā）什，盛产美玉的和田，还有处处花

香扑鼻的果园。

马可·波罗他们继续向东，穿过塔克拉玛干沙漠，来到古城敦煌，接着穿过河西走廊，再向东终于到达了上都（元朝的北部都城，在今内蒙古锡林郭勒盟正蓝旗境内）。这时已是1275年的夏天，距他们离开祖国已经过了四个寒暑了！

马可·波罗的父亲和叔叔向忽必烈献上了礼物，并向他介绍了马可·波罗。忽必烈非常赏识年轻聪明的马可·波罗，请他们进宫讲述沿途的见闻，并带着他们一起返回大都（元朝的都城，今北京）。

马可·波罗的父亲和叔叔向忽必烈献上礼物

奉忽必烈的命令，马可·波罗有了考察各地的机会。他走遍了中国的山山水水，中国的辽阔与富有让他惊呆了。他先后到过新疆、甘肃、内蒙古、河北、山西、陕西、四川、云南、山东、江苏、浙江、福建等地，还跟着使团去过越南、缅（miǎn）甸、苏门答腊。他每到一处，总要详细地考察当地的风俗、地理、人情。

知识链接

马可·波罗桥——马可·波罗在研究大都这座城市的时候，对卢沟桥进行了详细而瑰丽的描述。在他的描述中，卢沟桥是那么的美丽与壮观，引得无数欧洲人向往不已。所以欧洲人就把卢沟桥称作“马可·波罗桥”。

美丽的卢沟桥

17年很快就过去了，马可·波罗越来越想家。1292年春天，马可·波罗和父亲、叔叔乘坐大船驶向茫茫大海，沿着海上丝绸之路，开始了回国的旅程。

3年后，他们终于回到了分别24年的亲人身边。他们从中国回来的消息迅速传遍了整个威尼斯，他们的见闻引起了人们的极大兴趣。这时的蒙古人势力虽然极其庞（páng）大，遍及大半个亚洲和欧洲东部的大片地区，但欧洲人对蒙古的了解却非常少，有人甚至以为东方世界是空无人烟的，住着的都是野兽和妖魔。

马可·波罗告诉他们：元朝十分强大，拥有远远在欧洲之上的文明；元朝的皇帝也不可怕，还想要与欧洲进行贸易往来。随后，马可·波罗一家用蒙古礼俗招待他们的亲戚（qī）好友，还向他们展示了从中国带回来的大量珍宝。

几年后，马可·波罗参加了威尼斯与热那亚两个城邦的战争，不幸被俘。在狱中，他遇到了作家鲁思梯谦。马可·波罗向鲁思梯

谦讲述了自己去东方的种种经历，然后鲁思梯谦将它写了下来，就成了后来流传的《马可·波罗游记》。

马可·波罗在监狱口述成书

在这本书里，不仅有对元朝城市的详细描述，还记载了中亚经新疆而至上都的陆上丝绸之路。所以这本书可以说是当时关于东方与丝绸之路的百科全书。但因为有些地方写得太夸张了，欧洲人几乎都不相信书中的东方奇闻，把它们当成神话来看待。不过欧洲人对东方的好奇心却被大大地激发了。

《马可·波罗游记》插图

后来，欧洲人从其他去过东方的人那里打听到了更多东方的见闻，慢慢地意识到《马可·波罗游记》里面的东西很可能是真的。欧洲人的地理视野和心灵束缚（fù）被打开了，他们掀（xiān）起了去往东方、寻找中国的热潮。从此，中西方之间政治、经济、文化交流的新时代开始了。

几百年后，受到马可·波罗的鼓舞和启发，葡萄牙的迪亚士、达·伽马等航海家开辟了去往东方的新航路，意大利的哥伦布想要往西穿越大洋去寻找中国和印度，却意外地发现了美洲。欧洲开始了轰轰烈烈的地理大发现时代。

课后思考

1 你能说出马可·波罗前往中国的路线吗？

2 按照文章里面的说法，马可·波罗和《马可·波罗游记》对欧洲的影响有哪些？

第六课　七下西洋，万里远航——郑和

几万年来，从在小河里用一根竹竿撑起小小的竹木筏（fá）开始，人们越来越熟练地掌握了怎样在水上航行。而征服波澜（lán）壮阔的大海，一直是人们的梦想。为了抵抗风浪，人们造出了坚固的大船；为了利用风的力量，人们给船安上了风帆；为了辨别方向，人们发明了指南针……人们的航海技术越来越精湛（zhàn），航海经验越来越丰富。渐渐地，人们掌握了越来越多的航海路线，拥有了远洋航行的能力。

郑和（1371年—1433年）
中国明代航海家、外交家

海上丝绸之路就是许多著名航线的总称。在海上丝绸之路上，有过一位特别了不起的伟大人物——郑和。他曾经七次下西洋，完成了航海史上的一个壮举。

郑和是在明成祖朱棣（dì）的支持下进行远航的。当时，明朝在推翻元朝的统治后已经发展了几十年，国家强盛，经济发达。朝廷想在海外结交更多的友好国家，与它们相互了解、开展贸易。于是，朱棣按照远航和军事的要求，组建了一支规模庞大的船队。

1405 年 7 月 11 日，苏州刘家港码头上，一个高大强壮的身影登上了指挥船，他就是郑和。郑和抬头望了望，天空万里无云，

海风轻柔和畅（chàng），正是出海的好天气。码头上人山人海，彩旗飘扬。港口里，两百多艘船只整整齐齐地停靠着。其中有些大船特别雄伟壮观，气势恢宏，被称作“宝船”。宝船两边还有许多战船，以及装满淡水和粮食的补给船。整个船队共有两万七千多人，除了水手，还有士兵、翻译和医生等。

知识链接

郑和宝船——根据《明史》的记载，每艘宝船大约有一百四十米长，近六十米宽，还有十多层楼那么高。船上有九根桅（wéi）杆和十二面风帆，可以乘坐一千多人，需要二三百人来驾驶。这个记载引起了现代人的争议，有人认为古人造不出那么大的木质船只。这个争议现在还没有答案。不过可以肯定的是，郑和船队的船只，代表了当时世界上最先进的水平。英国著名的国际学者李约瑟就曾经评论道：“在历史上，明朝时期的海军可能比任何亚洲国家都要出色，无论是同一时期的任何欧洲国家，或是将所有欧洲国家联盟在一起，都无法与之匹敌。”

郑和宝船

郑和双手抱拳，向人群告别。接着他举起令旗，高声喊道：“启航！”在响彻云霄的欢呼声和祝福声中，船队像一条巨龙，

郑和船队

浩浩荡荡地出发了。

船队向着西南破浪前行，驶过了东海和南海。海上狂风不断，卷起疯狂的巨浪，狠狠地砸向船身，船上的人员都被晃得东倒西歪。但郑和毫不慌张，在他镇定的指挥下，船队每次都能化险为夷。

船队来到了爪哇岛（在今印度尼西亚）上的麻喏（nuò）八歇国。那里是南洋重要的通道，非常繁忙。当时，这个国家的东王和西王正在打内战。东王被打败了，他的土地被西王的军队占领。恰好郑和船队的人员上岸到集市上做生意，他们被西王的军队当成了东王找来的援兵，被杀死了一百七十人。郑和的部下都非常气愤，说将士的血不能白流，纷纷向郑和请求报仇。西王得知真相后十分恐惧，赶紧派使者谢罪，表示愿意用六万两黄金作为赔偿。

郑和刚到南洋就遇到这种不幸的事情，很想给无辜（gū）死去的将士报仇。但他肩负着国家的使命，担心一旦大开杀戒，各国会以为明朝是前来侵略的。之后他又了解到这是一场误杀，看到西王的态度十分诚恳，就上奏朝廷，准备和平解决这次事件。明朝最后同意了郑和的意见，并且表示不要赔偿。西王得到这个消息后，十分感动。“爪哇事件”和平解决，从此以后，两国就友好和睦（mù）地相处了。

郑和率领船队继续西行，驶向印度洋。当船队再到达一个国家的时候，郑和就先给国王递交国书，并且代表明朝向他们赠送礼物，表达友好。王公大臣们亲自来到海边迎接，他们看到规模宏大的船队和亲切

岛民欢迎郑和到来

友善的使者，都表示热烈欢迎。百姓们从来没见过这么庞大的宝船，不管男女老少，纷纷争着到海边观看，个个先是目瞪（dèng）口呆，接着又啧（zé）啧称奇。

当时中国的丝绸、瓷器早就名扬海外，沿途的百姓听说船队满载这些产品，都很高兴，纷纷用香料、珊瑚、珠宝等去换取。各地的商人十分乐意同中国人做生意。很多人还向中国客人赠送礼物，表达友好的感情。

在返程的时候，船队停靠在苏门答腊岛的旧港休整。旧港的一个统领施进卿（qīng）拜访了郑和，向他说道：“海盗陈祖义在南洋横行霸道，烧杀抢掠，无恶不作。他以为您的船队上有宝物，计划抢劫您的船队。”郑和听完，便对这海盗有了防备。

船队路过陈祖义的驻地时，陈祖义派人向郑和表示他想投诚，不再作恶了。但其实这是假装的，陈祖义是想让郑和放松警惕（tì），然后发动偷袭。陈祖义手下的数量和船只的性能都比不上郑和，但他鼓动手下道：“明朝的船虽然多，但只会在河塘里驾驶，不熟悉大海；明朝的船虽然大，但行动得慢；明朝的军队虽然很强，但多年没打仗了，还基本上都是陆军。”更重要的是他小瞧了郑和，认为郑和是靠陆战成名的，在海上不可能打得过自己。

郑和船队大战海盗

然而郑和一点也没有放松警惕（tì），命令将士们严阵以待。当海盗船乘着黑夜，偷偷摸摸靠近船队时，郑和的船队迅速将海盗包围起来。士兵们从大船上射出火箭，丢出火把，将海盗船烧着。一番激战后，船队击杀了五千多名海盗，生擒（qín）了陈祖义。

这次大战后，南洋海域变得安全畅通，沿海人民不再被海盗侵扰，各国纷纷称赞郑和的善行。

从1405年到1433年的28年里，郑和一共率领船队出海七次，到过三十多个国家和地区。60岁时，郑和最后一次下西洋，他的鬓（bìn）发已经全白了，但为了中外文化交往和航海事业，他毅然率领船队出发。这次航行，最远到了红海沿岸和非洲东海岸。这次他没能再回来，病逝在印度的古里，享年62岁。人们把他的棺椁（guǒ）带回祖国，安葬（zàng）于南京。

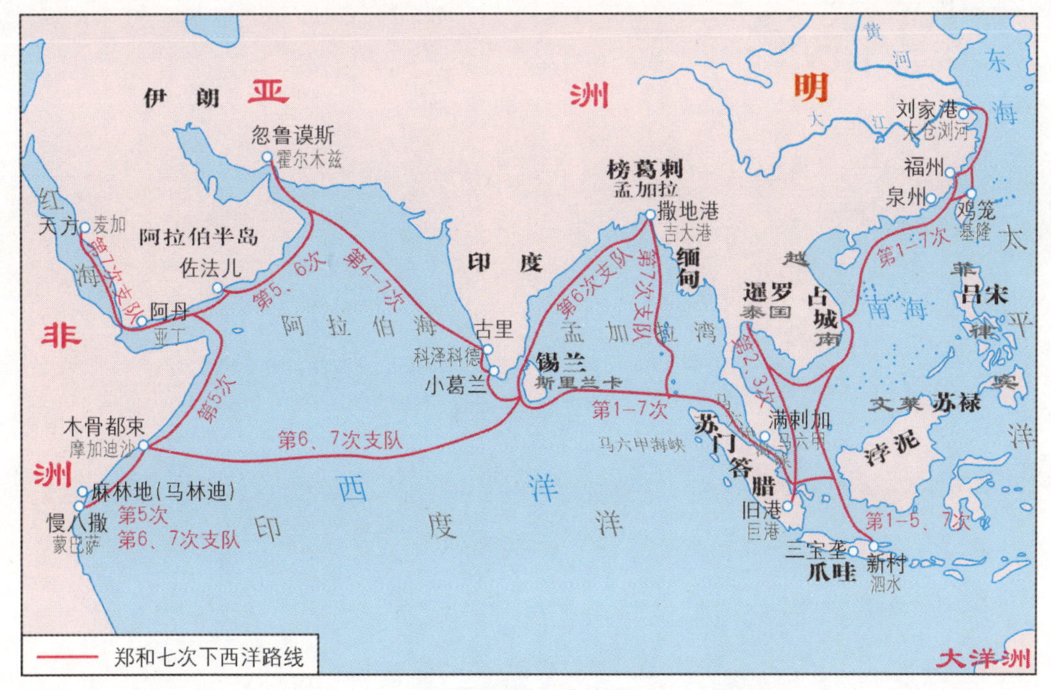

郑和七下西洋路线

郑和远航的规模、时间、范围，都达到了当时世界航海事业的顶峰，创造了世界航海史的奇迹。它拓展了海上丝绸之路，表现了我国古代人民顽强的探索精神，也开阔了中国人的眼界。郑和把中华文明带到了亚非许多国家，获得了它们对中国的信任。在海外许多地方，至今仍流传着郑和的故事。

课后思考

1 郑和在麻喏八歇国为什么要和平解决“爪哇事件”？

2 郑和下西洋最远到了哪些地方？

第七课　海上丝路的保护神——妈祖

从唐朝开始，海上丝绸之路迅速发展起来。但是海上很容易发生各种海难，又有海盗横行，影响了海上丝绸之路的贸易。人们除了采用各种方法躲蔽危险，还会祈（qí）求神明的保佑。在北宋初年，出现了妈祖林默这个带有神话色彩的女性，她肩负起了保护海上丝路的使命，成为渔民、商贾（gǔ）的保护神。

知识链接

妈祖——又称天上圣母、天后娘娘、天妃娘娘、湄（méi）洲娘妈等，她是以中国东南沿海为中心的海神信仰。据考察，这一信仰来自民间传说，是由真人真事演变而来的，然后逐渐被神化，最后才形成普遍的妈祖信仰。

妈祖

林默的家族，是福建莆（pú）田地区的名门望族。传说，在林默出生那天傍晚，有人看见一道红光从天空射下来，大地一瞬（shùn）间变成了紫色，还散发着奇异的香味。林默的父母觉得这个小女儿将来肯定不简单，就特别疼爱她。

林默小时候就十分聪明，她8岁到私塾（shú）念书，10岁开始拜佛诵（sòng）经。她从小就下定决心，要以行善济人为事业，所以她早早地开始钻研医理，给当地的人们看病，还教他们防疫（yì）消灾。她还学习了怎么观测天文气象，练得了十分厉害的游泳本领，经常到海边观察云雾、波涛，以丰富自己的气象知识。

林默16岁那年，她的父亲和哥哥一起出海去做生意了。有一天，她在家里织布的时候，感觉空气有点不对劲。她连忙跑出屋子，望向天空，只见天边有着密密麻麻的卷层云。她又跑到海边，只见一波一波的长浪狠狠地拍打着沙滩。在海里有几艘渔船，一大群海鸟不停地往上面落，渔民怎么赶都赶不走。

林默的脸色一下子就黯（àn）淡了下来，刚才看到的那些，都说明海上很可能出现了大风暴。她非常担心父亲和哥哥的安全，又发愁又害怕地回到了家里，将自己的发现告诉了母亲。

过了几天，乡民给林默家里传来了消息。海上发生了台风，林默的父亲得救，但哥哥不幸遇难了。

这次变故让林默感受到，在大海面前，人类是多么的脆弱和渺小。从此以后，林默开始依靠自己识别天象的本领，用心地帮助当地的船民。她常常驾着木船，到湄洲岛与大陆之间的礁（jiāo）石附近查探，好帮助那些遇难的渔民和商船脱离困境。

有一次晚上，海面上狂风大作、大浪滔天，船只无法找到进港的位置。在这危急的时刻，林默放火点燃了自己的房屋，熊熊火光，为船只指明了方向。百姓们感激万分，把她的名声越传越远。人们都说在湄洲岛上住着一位仙女，有她庇（bì）佑，出海的渔民、商船就能平安出航、归来。又有人亲切地尊称她为“龙女”“神女”。

神女林默

湄洲妈祖庙

后来，在一次救援时，林默不幸发生意外，牺牲了生命。乡亲们悲痛极了，谁都不愿意相信她真的没了，更愿意相信她羽化升仙，成了海神。为了纪念她，乡亲们在她出生的地方建了一座庙堂，并尊称她为“通灵女神”。每当重要的节日或是要出海时，人们都会来祭拜。

在离湄洲岛几百里的宁海圣墩(dūn)村里，村民们也为林默建了座庙。据说在这座庙祈祷(dǎo)非常灵验，无论是解决水旱灾害、疾病困扰，还是消除海盗的威胁，几乎有求必应。

妈祖林默搭救路允迪

这个庙的神奇越传越远，海上的商人也常常来这里祈祷，于是信仰神女林默的人也越来越多了。不过这时林默还只是在民间出名。直到1122年，宋朝官员路允迪奉命出使高丽，不幸在东海上遭遇风浪，八条船只瞬间就只剩路允迪乘坐的那一条了。水手告诉路允迪，他们能幸免于难，全都是因为神女林默在桅杆上作舞保佑。路允迪回去向皇帝报告了这件事，朝廷就专门赐了“顺济”两字作为圣墩庙的庙额，这是官方第一次对林默进行封授。

知识链接

古代的神仙名号——为了规范神仙的名号，古代的统治者通常会以政府的名义封神，这种现象在宋朝时期尤为盛行。并且宋代还将神灵分为男性神、女性神和道教仙真三类，女性神是先封夫人，再封妃，然后每次加封二字，直到八字为止。

林默最初被封为“顺济夫人”，到了元朝时被封为“天妃”，后来林默的封号中又加上了“护国”二字。元朝繁荣的远洋贸易，也让神女林默的信仰传到了海外。明朝时，人们亲切地把林默叫作“娘妈”，这是东南沿海人对女性的尊称，后来这个尊称渐渐变成了现在的“妈祖”。随着越来越多中国沿海的百姓下南洋谋求生计，妈祖信仰也跟着商人和移民的脚步走得越来越远。

在妈祖文化里，我们可以看到中华民族的传统美德——热爱劳动、热爱人民、见义勇为、扶危济困、无私奉献等。现在世界上一共有将近5000座妈祖庙，信奉妈祖的人数多达2亿。人们希望通过妈祖祭祀，把妈祖文化的精髓（suǐ）融入日常生活中，并传给下一代。妈祖不仅是千年来中国人心目中的海上保护神、海上丝路保护神，更是将海内外华人连接在一起的精神纽带。

课后思考

1 林默是怎么掌握预测天气的本领的？

2 林默本来是个凡人女子，为什么会承担起保护海上丝路的重任，成为许多华人信仰的神呢？

第八课　“丝绸之路”名称的发明者——李希霍芬

李希霍芬（1833年—1905年），近代中国地质学研究先行者

李希霍芬是德国著名的地理学家、地质学家，也是近代中国地质学研究的先行者之一。他的全名叫费迪南·冯·李希霍芬。“丝绸之路”这个名称，就是他在一部关于中国的著作中提出来的。他对丝绸之路的研究，让世界有了一扇认识中国的大门。

李希霍芬出生在德国的一个贵族家庭，从小就特别喜爱地理学。长大后，他拿到了博士学位，开始从事地质调查工作。作为一名地质学家，他跟随德国使团前往了很多个国家做访问。后来他来到了中国台湾，对古老、神秘的中国产生了浓厚的兴趣。

1868年，李希霍芬获得了美国加利福尼亚的银行家的赞助，来到中国进行考察。那时候，大部分中国老百姓对蓝眼睛、高鼻梁的西方人是很陌生的，不知道这些西方人是好人还是坏人。为了能贴近中国的老百姓，他专门把自己姓的第一个字翻译成了中国人熟悉的“李”字。尽管这样，他还是遇到了很多危险。在那些西方人从来都没去过的地方，他会受到好客的中国人的热情招待。但是在西方人经常前往的地方，他反而会被当地人反感，受到冷漠的对待。他知道，这是因为以前来中国的西方人没给中国

李希霍芬躲进地主家

人留下好印象的缘（yuán）故。有一次，他到山东的一个煤田考察，引起了矿工的不满，差点被抓起来。他连忙逃走，躲进了一个有钱的地主家里，这才幸免于难。

李希霍芬对中国一共进行了七次考察。

前两次，他主要在江浙一带考察长江入海口附近的地理环境。他重点考察了浙江的舟山群岛，对那里的自然环境和人文环境都做了详细的记录。

第三次，他先是来到山东，接着坐船到辽宁，然后经过山海关来到河北，最后到了北京。他一路进行地质调查和研究，还考察了一些金矿、煤矿和铁矿。考察工作非常辛苦。他每天凌晨4点就起床出门，一直忙到晚上6点才回去休息。等吃了晚饭，他又开始绘图、写日记，还要整理白天收集的矿石。

李希霍芬在夜里继续工作

着华服的李希霍芬和家人

后面几次考察，他去了江西、湖南、安徽、河南、山西、陕西、四川等省份。在江西景德镇，他把做瓷器的泥土取名叫“高岭土”；在山西，他惊叹煤矿储（chǔ）藏量的丰富，认为“山西一省的煤可供全世界几千年的消费”；在四川，他感叹都江堰（yàn）水利工程的伟大，“在世界上无与伦比”；在长江三峡，他震撼于风光的秀丽、山水的雄奇……

知识链接

《李希霍芬中国旅行报告书》——从 1870 年李希霍芬第 5 次来到中国进行考察起，他就开始给上海欧美商会写信汇报情况，后来这些书信集合起来就成了《李希霍芬中国旅行报告书》。

《李希霍芬中国旅行报告书》

四年里，李希霍芬几乎走遍了半个中国。他除了考察各地的地理环境，还专门记录了各地的交通路线。回国后，他根据自己在中国的经历，开始撰写《中国——亲身旅行和据此所作研究的成果》这本书。

在写的时候，他注意到了自己记录的那些交通路线，然后专门去研究了中国历史上的商贸道路。在想到西方关于“丝绸之国”的记载后，一个历史脉（mài）络在他的脑海里慢慢地清晰起来。早在秦汉时期，中国的丝绸就经过今天的新疆被运到中亚，再运到欧洲了；张骞“凿（záo）空”西域后，西方记载里“丝绸”这个词语出现得越来越多；从公元 1 世纪到 19 世纪，一条从欧洲通往中国的商路被很多次地记录了下来……

李希霍芬书中的“丝绸之路”地图，红线是他标注的丝路路线。

李希霍芬为这条商路想到了一个美妙的名字——丝绸之路。他把这个名字记在了书里。但在使用这个名字的时候，他比较谨慎，专门拿来指汉代欧亚的贸易通道。

1910 年，德国历史学家赫尔曼出版了一部名叫《中国与叙利亚之间的古代丝绸之路》的书，专门讨论了“丝绸之路”的含义。又过了 20 多年，李希霍芬的学生斯文·赫定直接用《丝绸之路》做名字出版了一本书。从此以后，人们渐渐接受了“丝绸之路”这个词，还把它的含义大大拓展，变成了古今欧亚间很多条道路的合称。

因为对中国地质学研究的贡献，李希霍芬被中国和世界所熟知。他在乱世之中来到中国，在这个东方古国的山水间行走了 4 年。他的文字，是当时西方了解中国的重要资料，也是我们今天了解当时中国的宝贵文献。他提出的“丝绸之路”，成了今天中国人最熟悉的地理名词之一。

课后思考

1 你知道李希霍芬在中国考察时，为什么会遇到危险吗？

2 李希霍芬最初提出的“丝绸之路”的含义跟现在的含义有什么不同？

第九课　楼兰古城的发现者——斯文·赫定

斯文·赫定是世界著名的探险家。他出生在瑞（ruì）典的一个中产阶级家庭。15岁的时候，他在码头边的欢迎队伍里，目睹（dǔ）了从北冰洋凯（kǎi）旋的极地探险家。从此以后，他就下定了决心，长大后也要成为一名优秀的探险家。

斯文·赫定（1865年—1952年），世界著名的探险家

19岁时，斯文·赫定中学刚毕业，就毫不犹豫（yù）地离开了家乡。他来到了中亚的一个油田，给一位俄罗斯工程师的儿

广袤的亚洲中部

子做家教。等工作结束后，他就南下旅行，横穿了整个波斯。美丽广袤（mào）的亚洲，深深地吸引了年轻的斯文·赫定，从此他确定了一生的奋斗方向。

21岁时，斯文·赫定进入大学学习，成为李希霍芬的学生。从老师那里，他学习了地理学，了解到了很多关于中国的知识。

1890年4月，斯文·赫定跟随瑞典的外交使团，踏上了去往中东（地中海东部和南部区域）的征途。完成在使团的翻译工作后，他在瑞典国王的支持下，开始了在亚洲的第二次探险旅行。12月，他走进中国的新疆，到达了历史上非常有名的城市——喀什。他第一次来到中国，对那些古老传说中的地方产生了浓厚的兴趣。在中国待了两个月后，他出发返回瑞典。

1893年10月，斯文·赫定做好探险的准备，又一次离开家乡，前往亚洲。1894年2月，他翻过帕米尔高原，来到了新疆的慕士塔格山。这座山上常年盖满了冰雪，被人们叫作"冰山之父"。山脚下有一个美丽的湖泊（卡库拉里湖），斯文·赫定在那里住了一个春天。他好几次尝试登上慕士塔格山的山顶，但都没有成功。

慕士塔格山和卡拉库里湖

塔克拉玛干沙漠

5月，他离开慕士塔格山，又来到了喀什。他在那里休整了大半年的时间，然后朝着中国最大的沙漠——塔克拉玛干沙漠前进。沙漠里非常危险，不仅天气干燥难忍，还容易迷失方向。他头一次走进沙漠，没有经验，没过多久就遇到了风沙，完全迷了路。靠着剩下的一点点水，他苦苦支撑着没有倒下。幸好，一个驼队路过，把他救出了沙漠。

有了这次惊险的经历，1896年1月，他在塔克拉玛干沙漠西南角的和田河边，装备了一支驼队，做了充足的准备，才再次走进沙漠。不多久，他们发现了一片毫无生机的废墟（xū），那里的建筑规格很不一般，整个遗址气势恢宏。他们找到四座房屋，用胡杨木做立柱、用芦苇和泥巴建筑的墙十分脆弱，但墙上的壁画仍然十分清晰。壁画中有坐在莲花中的佛，有牛、马、狗等动物。原来那里就是传说中古国于阗的重要城镇——丹丹乌里克。

丹丹乌里克遗迹中的壁画

在沙漠里的发现，让斯文·赫定认定新疆有着更多的神秘等待着人们。三年后，他再次来到新疆进行考察和探险。1900年3月，斯文·赫定的队伍走进塔里木盆地东部，寻找位置移动不定的湖泊——罗布泊。

3月27日，探险队发生了一件糟糕的事情——铁铲被遗忘在了前一天晚上的宿营地。这可是性命攸（yōu）关的事，没有了它，就没有办法挖水。无奈，斯文·赫定派向导——我国维吾尔族人艾尔迪克，返回寻找。

艾尔迪克找到了铁铲。在返回途中，沙漠中刮起了狂风。狂风裹（guǒ）着艾尔迪克跑出很远。当风停止后，艾尔迪克惊讶地发现，眼前出现了一座古代城市：长长的城墙，高高的佛塔，成片的灰色的房屋，空旷的满是沙尘的街道……

楼兰古城遗迹

返回探险队后，艾尔迪克将发现神秘古城的事报告给了斯文·赫定。斯文·赫定敏锐地意识到，这处古城遗址非常重要。但是，由于探险队的水只够用两天，他不得不下令返回。

1901年，经过一年的精心准备，斯文·赫定和探险队在艾尔迪克的带领下，重新进入罗布泊。3月3日，他们找到了神秘古城。看到古城，斯文·赫定立即开始拍照和绘图。在随后的一周里，他和探险队在13个地点发掘（jué）出了大量的文物——钱币、丝织品、粮食、陶器、36张写有汉字的纸片、120片竹简和几支毛笔……

回国后，斯文·赫定把文物交给德国的专家鉴定。专家从文字中发现了楼兰字样，得出结论，这座古城就是《史记》和《汉书》中记载的、赫赫有名的古国楼兰。整个世界震惊了。许多国家的探险队随之而来，国际上兴起了一个世纪的新疆探险热。

知识链接

楼兰古城——楼兰一名最早见于《史记》。约在公元前2世纪以前，楼兰人就建立了自己的国家。当时的楼兰受月氏统治。公元前177年至公元前176年，匈奴打败了月氏，楼兰又被匈奴所管辖。西汉强盛后，楼兰转而依附西汉，改名鄯善。楼兰是一个城市国家，只有居民14000多人，士兵3000人，人口虽少，但地理位置非常重要。张骞出使西域，打通了中西方交流的道路，楼兰成为丝绸之路上的重镇，商贾往来众多，经济繁荣，盛极一时。

然而，这样一个古国，在公元5世纪后，突然消失了。1500年过去了，悠悠岁月将历史湮（yān）没得面目全非。楼兰究竟是否存在？如果存在，遗址究竟在哪里？它消亡的原因又是什么？这些，都成了难解的历史之谜。直到斯文·赫定发现楼兰遗址，它才回到世人眼前。

后来，斯文·赫定又考察了西藏的广大地区和新疆的丝绸之路路线。他把自己的经历记录下来，写成了《我的探险生涯》《亚洲腹地探险八年》《丝绸之路》等著作。书中记录了他经历的失败、饱尝的甘苦，充满了对大自然的敬畏、对生命的热爱、对事业的执着，更重要的是，他展示了许多从前未知的秘密，揭开了一个个古老地点的神秘面纱。他在《丝绸之路》这本书里写道："丝绸成为联结不同民族的纽带，并出现了一条条无穷无尽的商路。可以毫不夸张地说，这条交通干线，是穿越整个世界的最长的路。从文化、历史的观点看，这是联结地球上存在过的各民族和各大陆的最重要的纽带。"

斯文·赫定的著作

斯文·赫定对奥秘充满好奇心，为了实现目标而坚忍不拔地奋斗，对探险中的危险毫不畏惧。他是我们学习的好榜样！

课后思考

1 斯文·赫定为什么会想要成为一名探险家呢？

2 斯文·赫定是怎样发现被黄沙掩埋的楼兰古城的？

结 语

卡尔叔叔介绍完最后一个人物，说道："传奇人物的故事讲完了。明天咱们就要离开这里，回城里去了。你们有没有什么体会？可以说出来和大家分享一下。"

洋洋坐直身体，认真地说："这些传奇人物都是当之无愧的英雄！没有他们的话，肯定不会有丝绸之路的诞生和繁荣，不会有东西方的交流往来，也就不会有灿烂的丝路文明。"

丫丫笑嘻嘻地说："是呀是呀！无论是坚毅勇敢的使者、雄才大略的帝王，还是肩负和平的美人、信仰虔诚的教徒，这些伟大的丝路英雄，都值得我们敬仰和学习！"

卡尔叔叔点点头，欣慰地说："不忘历史才能开辟未来。你们能记住他们的伟大贡献，学习他们的优秀品质，便是文明的继承者！"

丫丫歪了歪小脑袋，突然说道："可惜他们都是很久很久以前的人，要是能亲眼看见他们的风采就好了！"

卡尔叔叔用手指向夜空，说道："你们看那轮月亮，从古至今的夜里，它都陪伴着地球上的人类。古人跟我们一样，看的是这同一个月亮，这样一想，是不是感觉他们离我们没那么遥远了？"

"哈哈，听卡尔叔叔您这么一说，我好像真的感觉到了他们呢！"丫丫又绽放出了笑脸。

洋洋也点了点头，说道："我要把他们当成榜样，长大以后，为'一带一路'的建设贡献出自己的力量！"

"还有我！我长大后也要为祖国的丝路发展做出贡献！"丫丫嘟着嘴抢着说道。

卡尔叔叔和洋洋看到她可爱的模样，都笑了起来。